AF370251

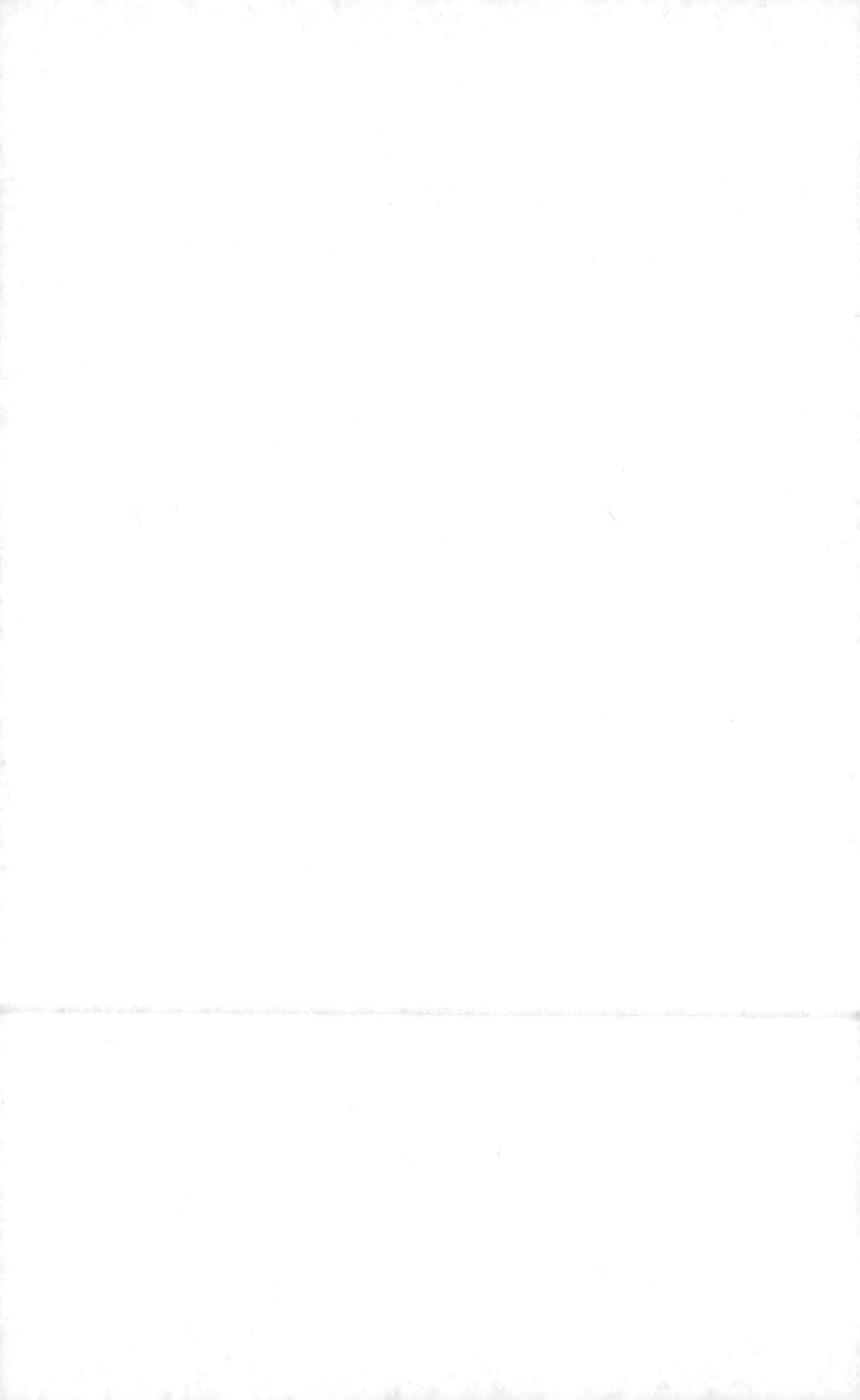

CATALOGUE

DES TERRES CUITES

MARBRES, BRONZES

DE

CARPEAUX

DONT LA VENTE AURA LIEU

HOTEL DROUOT, Salle n° 1,

Le Samedi 23 Mai 1874

A deux heures et demie.

Par le ministère de M⁰ CHARLES PILLET, Commissaire-Priseur,

10, rue de la Grange-Batelière.

EXPOSITION PUBLIQUE : Le Vendredi 22 Mai 1874

De une heure à cinq heures.

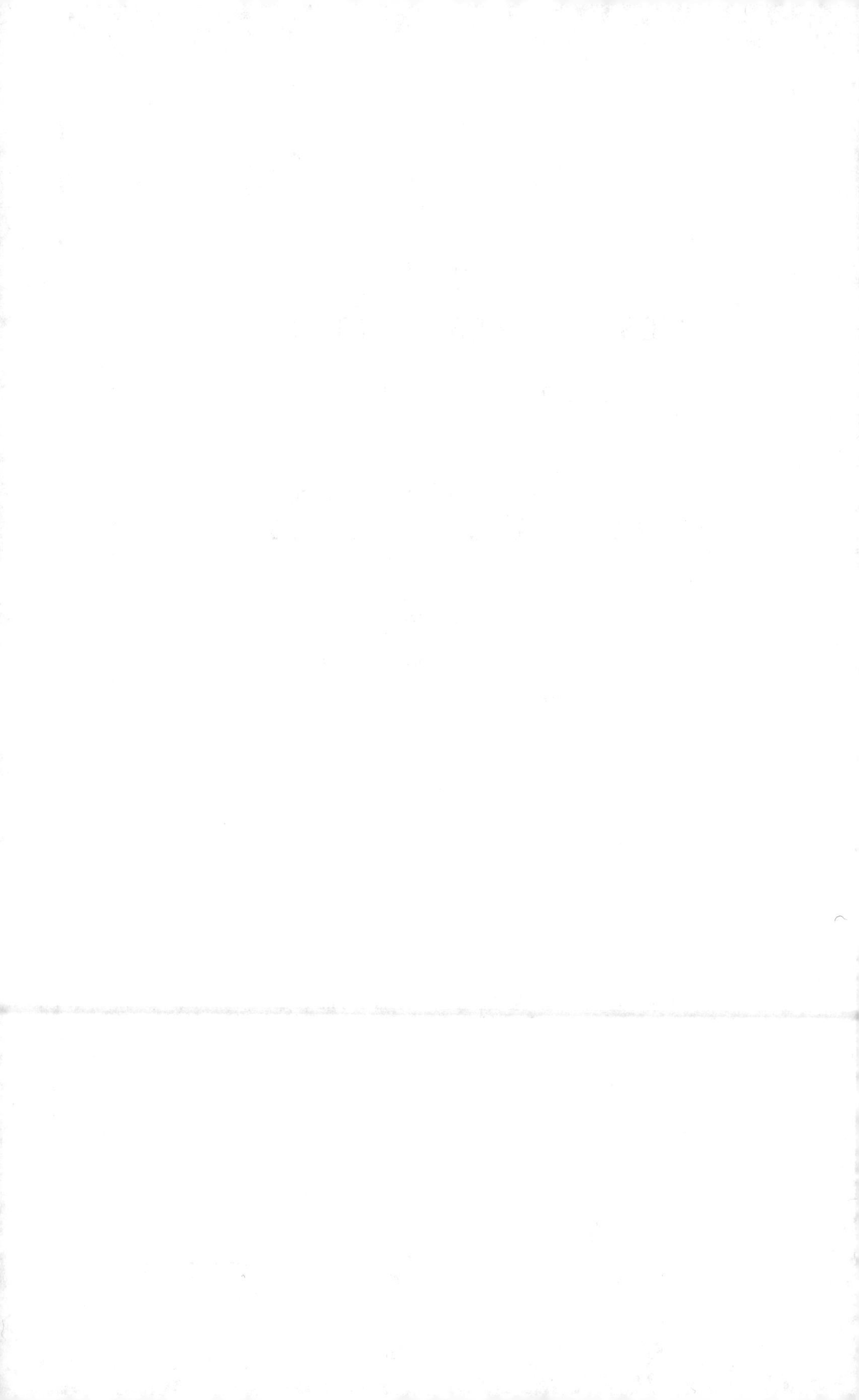

CONDITIONS DE LA VENTE

Elle sera faite au comptant.

Les adjudicataires payeront CINQ POUR CENT en sus des enchères.

Paris. — Typ. Pillet fils aîné, 5, rue des Grands-Augustins.

DÉSIGNATION

TERRES CUITES

Esquisses inédites

1 –- Groupe de la Danse.

Première esquisse du sujet.

Haut., 0,54 cent.

2 — La France.

Esquisse. — Figure allégorique du couronnement du pavillon de Flore.

Haut., 0,36 cent.

3 — La Science.

Esquisse. — Figure allégorique du couronnement du pavillon de Flore.

Statuette.

Haut., 0,40 cent.

4 — L'Agriculture.

Esquisse. — Figure allégorique du couronnement du pavillon de Flore.

Statuette.

Haut., 0,40 cent.

5 — La Madone.

Esquisse.

Groupe.

Haut., 0,37 cent.

6 — La Jeune mère.

Esquisse.

Groupe.

Haut., 0,35 cent.

7 — Jeune fille à la coquille.

Statue, grandeur nature.

8 — Pêcheur napolitain.

Statue, grandeur nature.

9 — Amour à la folie.

Statuette, grandeur nature.

Haut., 0,88 cent.

10 — Défense de la patrie.

Statuette.

Haut., 0,55 cent.

11 — Frère et sœur.

Groupe.

Haut., 0,71 cent.

12 — Ève.

Statuette.

Haut., 0,46 cent.

13 — La Toilette.

Statuette.

Haut., 0,73 cent.

14 — La Frileuse.

Statuette.

Haut., 0,46 cent.

15 — Danse des trois Grâces.

Groupe.

16 — Amour blessé.

Statuette, grandeur nature.

Haut.. 0,80 cent.

17 — Printemps.

Statuette.

Haut., 0,56 cent.

18 — Suzanne surprise.

Statuette.

Haut., 0,75 cent,

19 — Négresse.

Buste.

Haut. 0,67 cent.

20 — Espérance.

Buste.

Haut., 0,65 cent.

21 — Petit boudeur.

Buste.

Haut., 0,25 cent.

22 — Palombelle-Pane.

Buste.

23 — Bacchante aux vignes.

Buste.

Haut., 0,65 cent.

24 — Bacchante aux roses.

Buste.

Haut., 0,65 cent.

25 — Bacchante aux lauriers.

Buste.

Haut., 0,65 cent.

26 — Palombelle au collier.

Buste.

27 — Eté.

Buste.

Haut., 0,69 cent.

28 — Candeur.

Buste.

Haut., 69 cent.

29 — Printemps.

Buste.

Haut., 0,65 cent.

30 — Espiègle.

Buste.

31 — Mater dolorosa.

Esquisse.
Buste.

Haut., 0,75 cent.

32 — Mater dolorosa.

Fini.
Buste.

Haut., 0,75 cent.

33 — Fiancée.

Buste.

Haut., 0,65 cent.

34 — Chinois.

Buste.

35 — Génie de la Danse.

Buste.

Haut., 0,58 cent.

36 — Rieur napolitain.

Buste.

Haut., 0,58 cent.

37 — Rieuse.

Buste.

Haut., 0,58 cent.

38 — Rieur aux pampres.

Buste.

Haut., 0,58 cent.

39 — Rieuse aux roses.

Buste.

Haut., 0,58 cent.

40 — Gérôme.

Buste, grandeur nature.

41 — Dumas.

Buste.

42 — Gounod.

Buste, grandeur nature.

43 — Figaro.

Statuette.

Haut., 0,90 cent.

MARBRES

—

44 — Pêcheur napolitain.

Statue, grandeur nature.

45 — La Jeune fille à la coquille.

Statue, grandeur nature.

46 — Toilette.

Statuette.

Haut., 0,70 cent.

47 — Frileuse.

Statuette.

Haut., 0,45 cent.

48 — Surprise.

Statuette.

Haut., 0,70 cent.

49 — Espérance.

Buste.

Haut., 0,67 cent.

50 — Le Rieur.

Buste.

Haut., 0,55 cent.

51 — La Candeur.

Buste.

Haut., 0,67 cent.

52 — Rieur aux pampres.

Buste.

Haut., 0,59 cent.

BRONZES

53 — Pêcheur napolitain.

>   Statue, grandeur nature.

54 — Amour blessé.

>   Statue, grandeur nature.

55 — Surprise.

>   Statuette.

>   Haut., 0,70 cent.

56 — Frère et Sœur.

>   Statuette.

>   Haut., 0,65 cent.

57 — Ugolin.

>   Groupe.

>   Haut., 0,46 cent.

58 — Alexandre Dumas.

Buste, réduction.

Haut., 0,44 cent.

59 — Rieur.

Buste, réduction.

Haut.. 0,26 cent.

60 — Rieuse.

Buste, réduction.

Haut., 0,26 cent.

61 — Petit pêcheur.

Statuette, réduction.

Haut., 0,35 cent.

62 — Bacchante aux roses.

Buste.

Haut., 0,68 cent.

63 — Espiègle.

Buste.

Haut., 0,56 cent.

64 — Négresse.

Buste.

Haut., 0,65 cent.

65 — Encrier.

66 — Rieuse.

Buste.

Haut., 0,55 cent.

www.ingramcontent.com/pod-product-compliance
Lightning Source LLC
LaVergne TN
LVHW010814180726
843502LV00009B/3320